MIHI VIVERE CHRISTUS EST
ET MORI LUCRUM

MGR AMANTON

ARCHEVÊQUE DE THÉODOSIOPOLIS.

de l'Ordre des Frères-Prêcheurs.

SES OBSÈQUES ET ALLOCUTION

prononcée par le T. R. P. CORMIER,

PROVINCIAL DE LA PROVINCE DOMINICAINE

DE TOULOUSE.

ABBEVILLE.

IMP. BRIEZ C. PAILLART ET RETAUX.

1869

MGR AMANTON

ARCHEVÊQUE DE THÉODOSIOPOLIS.

Messeigneurs (1), mes Révérends Pères, mes Frères,

Au moment où la sainte Église va faire monter vers le ciel ses dernières supplications; au moment où Dieu veut que nous laissions celui qui fut notre honneur, notre joie et qui demeurera notre modèle ; qu'il me soit permis d'élever la voix et de vous adresser une parole non-seulement pour lui, afin que vous l'enveloppiez et que vous l'embaumiez de vos suffrages, mais sur lui , afin que nous nous consolions ensemble dans les pensées d'une foi qui fut la sienne, et qui par lui, plus que jamais, sera la nôtre.

L'esprit de foi, d'une foi élevée, simple, intérieure, douce et courageuse, n'est-ce pas en effet assez pour nous fournir une belle et utile leçon ? Or, cette leçon, celui que nous avons devant nous, défunt déjà, nous la donne encore.

C'est la foi qui prévint sa naissance (2) dans les bénédictions de la douceur, le garda jeune enfant au milieu de ses campagnes, fortifia sa jeunesse et le présenta au sanc-

(1) N.N. S.S. les Évêques de Vannes et des deux Guinées...

(2) Mgr Amanton est né au mois de novembre 1823, à Villers-les-Pots, près d'Auxonne (Côte d'Or).

Il fit ses études au collége d'Auxonne.

tuaire (1), grandi dans les années, homme déjà mûr par le sérieux du caractère, enfant toujours par la pureté et la simplicité du cœur.

C'est l'élévation de sa foi qui, durant les années de son sacerdoce (2), provoquait en lui ces aspirations silencieuses vers une abnégation plus grande, et tenait ses regards suspendus devant un horizon de sainteté bien lent à se découvrir. Il priait avec confiance, il attendait en paix ; et quand il lui fallut briser ses derniers liens d'autant plus forts qu'ils étaient plus purs et plus doux, c'est encore la foi qui lui donna le courage de partir pour le cloître de saint Dominique, saint Dominique dont le caractère droit, lumineux, austère et bon, avait, dès le début, fixé ses attraits. — Un dimanche, après les offices divins il annonça son dessein du haut de la chaire à son peuple stupéfait, et saluant Jésus à l'autel, de la porte de l'église, il prit directement le chemin du monastère. Toujours ami de la simplicité, il marchait escorté de deux jeunes enfants silencieux, dont l'un portait son bâton de voyage, et l'autre quelques pauvres vêtements. Il eut la consolation d'être reçu dans la vie religieuse par celui que Dieu nous donna pour restaurateur, celui que nous pleurons encore et qui, peu à peu, voit remonter vers lui, l'un après l'autre, ses premiers compagnons d'ici-bas (3).

La foi fut l'âme du nouveau religieux pendant son noviciat et changea pour lui les épreuves en délices. On y

(1) Entré au grand séminaire de Dijon en 1840.

(2) Après le grand séminaire, l'abbé Amanton fut envoyé à Flavigny comme vicaire Son vicariat dura 18 mois. Il fut ensuite nommé curé de Darcey près de Flavigny, où il resta un peu plus d'un an.

(3) Le P. Lacordaire l'examina et l'accepta ; le P. Danzas, alors rieur de Flavigny, lui donna l'habit.

redit encore les pieuses cruautés de sa pénitence, la droiture et la bonté de son cœur déjà peintes tout entières dans ce regard mêlé de lumière et de douceur où venait se répandre une légère teinte de tristesse, née du sentiment des choses éternelles.

C'est la foi qui lui fit sacrifier à deux reprises les douceurs de la solitude, la société de ses frères et le ciel toujours cher de son pays, en lui montrant vers l'Orient des contrées souvent bien ingrates, dont il devait arracher les épines et amollir le sol par de nouvelles sueurs, pour préparer à d'autres apôtres un travail plus facile et des jours meilleurs. Il partit, une première fois comme Préfet apostolique, plus tard, comme évêque, délégué du Saint-Siége, et se montra toujours plus attaché à son Ordre par les liens de la charité, par l'amour de la pauvreté et par la pratique des austérités monastiques, à mesure que ses dignités nouvelles élargissaient pour lui les liens de la dépendance religieuse. — D'un pas hardi, on le vit traverser ces terres désertes, sans chemin et sans eau, et il apparut à ceux vers qui il était envoyé, comme un digne représentant de Jésus-Christ et de son Vicaire ici-bas, par son zèle désintéressé, patient, fort au besoin, mais toujours éclairé par la foi et mû par la charité.

Et quand l'obéissance le rappela de ces contrées lointaines, c'est encore la foi qui, revenant avec lui plus dégagée des consolations humaines, mais par là même plus fortement enracinée en Dieu, peupla sa solitude nouvelle, tourna ses forces au dedans, et y produisit un travail intérieur de sanctification.

Cette foi était simple ; elle marchait droit au but, et saisissait la sainteté dans sa grande source, dans Celui que saint Paul appelle l'auteur et le consommateur de notre foi, Jésus-Christ, *auctorem et consummatorem fidei nostræ Jesum*. Aussi, cette sentence, qu'il avait choisie pour devise, forma toujours le but de ses efforts et le secret de sa vie cachée : *Mihi vivere Christus est.*

Grâce à ce simple regard de la foi, il était toujours près de Dieu ; car, disait-il souvent, « *entre Dieu et nous, il n'y a qu'un voile* » ; et cette sainte coutume de tenir compte de l'Invisible, comme s'il l'eût vu de ses yeux, *invisibilem tanquam videns sustinuit*, faisait descendre les hautes influences de la foi dans la région pratique de ses appréciations, de ses paroles, de ses actes et jusque dans son silence.

Le mystère par excellence de notre foi, *mysterium fidei*, le saint sacrifice de la Messe, était pour lui le point culminant de la journée ; il lui consacrait tous ses soins, lui prodiguait tous ses instants, persuadé que Dieu se plaît à nous rendre avec usure durant le jour, le temps que nous lui donnons le matin à l'autel. Le sentiment habituel de la présence de Dieu lui servait de grande préparation au saint Sacrifice. Tout indifférent qu'il fût au choix des vêtements sacrés, il acceptait avec une complaisance marquée ceux qui, pour tout ornement, renfermaient le saint nom de Dieu au centre de la croix.

C'était là, en effet, le résumé de sa spiritualité : Dieu et la croix, Jésus, mais Jésus crucifié, *et hunc crucifixum*. Aussi, nous aimons à le redire, autant sa foi était élevée dans ses aspirations et simple dans son mouvement, autant elle était forte au sacrifice. Déjà, le jour de sa profession, ordinairement jour d'ivresse spirituelle, ses pressentiments lui montraient la croix plantée sur le chemin de son avenir, et il écrivait à genoux ces mots : « *Je m'attends à des chaînes et à des tribulations ; je serai nourri du*

*pain des larmes, et plus d'une fois la vie me paraîtra
pesante ; mais qu'importe ! je m'en réjouis* (1). »

Que si Dieu réalisa ces pressentiments par des tristesses
apostoliques et par des peines intérieures dont il ne nous
appartient pas de mesurer la profondeur, nous pouvons
du moins recueillir près de son lit de mort cette croix de
la maladie, plus obscure que bien d'autres, mais non moins
lourde et non moins glorieuse, pour l'admirer, la baiser
et en faire couler dans notre âme la sève fortifiante.

Quand la maladie de cœur qui nous l'a enlevé et dont
les germes remontaient à son enfance eut atteint son dernier développement et renversé toute espérance, nous le
vîmes pendant deux mois lutter chaque jour, à l'heure de
la crise périodique, contre de nouvelles et toujours plus
vives souffrances, seul avec son amour de Jésus crucifié,
et chaque jour sa foi sortait du combat, victorieuse, assez
forte encore et assez humble pour voiler son triomphe
sous un sourire. Si, incapables de le soulager, vous l'en-
touriez du moins des témoignages de votre compassion,
craignant cette compassion plus que ses propres dou-
leurs, il disait: « *Non, non, ne me plaignez pas* » ; ou
bien il vous rassurait par un regard plein de bonté. Que
si parfois la douleur se trahissait par quelque léger mouvement du visage, semblable à ces Pères de la vie religieuse tellement maîtres d'eux-mêmes qu'ils semblaient
habiter dans un corps étranger, *tanquam in alienâ carne
degerent,* il disait à ses frères : « Ne vous attristez pas, ma
figure seule fait ce mouvement : croyez-le, je ne souffre
presque pas ».

Quand il comprit qu'il allait mourir et que la seconde
partie de sa devise allait se réaliser, *et mori lucrum,*

(1) « Flavigny, 4 heures du soir, 7 octobre 1850. »

quand il vit ce voile, dont il avait si souvent parlé, au moment de se déchirer, pour lui laisser enfin voir Dieu face à face, la pensée de l'éternité devint sa lumière et sa force. — En effet, ô mort, votre conseil est bon, meilleur que le conseil des sages, meilleur que le conseil des guerriers, meilleur que le conseil des princes, car vous êtes la conseillère des Saints : *bonum est, ô mors, consilium tuum.*

« Autrefois, disait-il, je ne craignais pas la mort parce que je n'y pensais que de temps en temps ; maintenant, je suis en face d'elle, et je ne sais pourquoi, mais je n'en suis pas effrayé. »

Au contraire, la pensée de la mort évoquait en lui le doux souvenir de Jésus ou des saints qu'il avait aimés et qu'il espérait voir bientôt, ceux de son Ordre surtout. « *Oh oui !* disait-il, quand on lui suggérait leurs noms : *Jésus, Marie la Vierge immaculée, saint Dominique, sainte Magdeleine, sainte Catherine !* » Il les saluait déjà par la foi ; et cette foi, répandue comme une onction sur ses souffrances, les lui rendait légères. A bout de force, il disait ses acclamations accoutumées par un simple regard vers Dieu, ou bien il soulevait son bras pour s'armer encore du signe de la croix. Cependant ses forces diminuaient d'heure en heure, sa vie n'était qu'une douleur, un souffle, un regard. Quelques légers gémissements furent toute son agonie ; et le douze octobre, à six heures et demie du soir, son âme avait quitté la terre. La foi seule restait là, gardant ses dépouilles, et c'est elle encore qui fait toute la grandeur de ses funérailles, en marquant de son signe l'attitude émue et recueillie de cette religieuse assemblée.

Vers vous donc, ô Pontife vénéré, Père de nos âmes,

notre frère dans la charité de saint Dominique, j'élève les bras et les regards, non pas vers ces restes mortels dont nous allons demeurer les gardiens, mais vers les tabernacles éternels où mieux qu'ici nous pouvons vous retrouver. Ah! si pour en franchir le seuil et arriver jusqu'au Dieu trois fois saint, il vous faut encore du secours, nos prières, fortes de notre reconnaissance, ne vous manqueront pas. Mais si ce moment que vous attendiez est venu déjà, si Jésus vit en vous et vous en lui, non plus dans le milieu ténébreux des agitations terrestres, mais dans le pur et paisible milieu de la gloire, ah ! pensez à nous.

Souvenez-vous de l'Église que vous avez tant aimée, du Souverain Pontife envers qui vous prêchiez si bien la piété filiale, toujours par principe de foi, comme au représentant de Jésus-Christ. Souvenez-vous de votre Ordre, et surtout de nos trois provinces françaises que vous embrassiez toutes dans une charité sans limites. Souvenez-vous, et de ces missions lointaines dont les sollicitudes vous ont dévoré les meilleurs de vos jours, et de ce diocèse auquel vous consacriez si volontiers par les fonctions pastorales les débris de votre existence, et des âmes que vous guidiez vers Dieu par les sentiers de l'humilité. Souvenez-vous de ceux qui vous soignèrent durant vos derniers jours. Souvenez-vous aussi de celui qui vous doit le dernier trait de lumière destiné à fixer sa vocation chancelante et qui, venu ici comme par hasard, il n'y a qu'un jour, a la consolation de vous payer pour lui et pour tous ce tribut de reconnaissance ; pour nous tous enfin, ô Père, ayez une prière et une bénédiction !

C'est dans cette confiance que nous vous disons : *Au revoir !* Car, mes Frères, la vie présente s'enfuit, les années sont des instants, nous touchons aux rivages de l'éternité, l'existence qui vient de finir ou plutôt de commencer nous en envoie déjà les parfums. Armons-nous donc de cette foi victorieuse qui triomphe du monde ; par elle portons Dieu dans notre vie périssable, et dès demain le Ciel est à nous ! Ainsi soit-il.

————

I

Jeudi, 14 octobre, ont été célébrées, dans notre chapelle de la rue Jean de Beauvais, les obsèques de Mgr Amanton, archevêque de Théodosiopolis, ancien délégué apostolique dans le Kurdistan, décédé le 12, après deux mois de souffrances et d'héroïque résignation.

La petite église s'est trouvée insuffisante à contenir la foule désireuse de rendre les derniers hommages à l'illustre défunt, et il a fallu prendre des mesures pour régulariser le pieux empressement des fidèles, qui, depuis la veille, se succédaient silencieux et recueillis auprès du catafalque, faisant toucher aux mains et aux habits de l'archevêque des objets de piété rendus plus précieux par ce contact. Il a fallu faire évacuer la chapelle quelques instants avant la cérémonie funèbre, pour la rendre accessible aux nombreux amis de Mgr Amanton et aux membres du clergé, qui demandaient à leur tour place auprès de son cercueil.

L'office, commencé à neuf heures et demie, s'est terminé vers onze heures, par les cinq absoutes que prescrit le cérémonial des évêques. Le T. R. P. Souaillard, Provincial des Dominicains de la province de France, officiait ; l'oraison funèbre a été prononcée par le T. R. P. Cormier, Provincial des Dominicains de la province de Toulouse. L'orateur a fait ressortir, dans un langage élevé et sympathique, la foi simple et puissante qui fut le trait distinctif de cette vie de moine, d'évêque et d'apôtre. Les larmes qui coulaient sur plus d'un visage suffisent à dire quels rapports existaient d'avance **entre** l'orateur ému de ses propres souvenirs et l'auditoire si bien disposé à le comprendre.

Les cinq absoutes ont été données par Mgr l'évêque des Deux-Guinées, Mgr l'évêque de Vannes, le T. R. P. Souaillard, M. l'abbé Lagarde, vicaire général, représentant Mgr l'archevêque de Paris, et M. l'aumônier en chef de la flotte. L'église présentait à ce moment un spectacle vraiment saisissant : la pompe modeste qui entourait le défunt, la gravité des chants, le recueillement profond de l'assistance, ce je ne sais quoi de solennel qui plane à certaines heures sur les actions des hommes, faisaient de cette cérémonie quelque chose de triste et de consolant à la fois. Le caractère d'exquise douceur et de calme parfait qui distinguait Mgr Amanton semblait empreint dans chaque détail et dans tout l'ensemble de cette suprême réunion qui groupait ses amis autour de lui pour la dernière fois.

L'ordre de Saint-Dominique, auquel appartenait Mgr Amanton, était représenté non-seulement par les religieux du couvent de Paris, mais encore par le T. R. P. Provincial de la province de Toulouse, par les frères et les sœurs du tiers-ordre séculier de Paris et par les pères du tiers-ordre enseignant d'Arcueil.

On remarquait dans l'assistance ecclésiastique Mgr Alouvry, ancien évêque de Pamiers ; M. Caval, vicaire général de Paris et supérieur du séminaire et de la congrégation de Saint-Sulpice ; M. Icard, vicaire général de Paris et directeur du séminaire Saint-Sulpice ; tout le clergé de Saint-Nicolas du Chardonnet ; MM. les curés de Saint-Laurent, de Saint-Thomas d'Aquin, de Saint-Jacques, de Notre-Dame de Bonne-Nouvelle, de Saint-Médard, etc.; le T. R. P. Richard, gardien des franciscains de Terre-Sainte ; le T. R. P. ministre des jésuites de la rue Lhomond; le T. R. P. provincial des missionnaires du Saint-Esprit ; plusieurs membres des diverses communautés religieuses, carmes, capucins, oratoriens, barnabites, etc.

Outre les frères et les cousins de monseigneur, parmi les laïques de distinction on remarquait M. Meurand, ministre plénipotentiaire et directeur général des consulats ; M. de Barrère, consul général de France à Jérusalem; M. Rataud, maire du 5e arrondissement ; M. le marquis de Corberon, M. le vicomte d'Alvimare, M. le vicomte de Lupé ; M. le docteur Ozanam, médecin et surtout ami du défunt archevêque ; M. le docteur Jousset, M. le docteur Meurs, etc.

Les prédilections de Mgr Amanton étaient rappelées heureusement dans l'assistance par les enfants délaissés de l'œuvre de Mme de Seigeval et par ceux de la Première-Communion de Vaugirard, qu'il aimait tant à visiter et à bénir.

Le souvenir de cette douloureuse cérémonie restera vivant dans le cœur de tous ceux qui en ont été les témoins et ont pu y retrouver vivant le commentaire de cette parole si chère à l'illustre défunt : *In fide et lenitate sanctum fecit illum Dominus* : « La foi et la douceur l'ont fait saint aux yeux du Seigneur. »

II

Les obsèques terminées, les religieux reprirent deux à deux leur place auprès du catafalque et continuèrent la récitation des psaumes qui durait sans interruption, le jour et la nuit, depuis l'instant de la mort. Lorsque le soir fut venu, une dernière et plus triste cérémonie eut lieu sous le cloître du couvent ; ce qui nous restait de Mgr Amanton fut déposé dans un double cercueil de plomb et de chêne. Tous les religieux étaient là, désireux de ne se séparer des chères dépouilles qu'au dernier moment; ils vinrent l'un après l'autre baiser le visage qu'ils avaient vu autrefois si bon et si souriant, puis ils se jetèrent à genoux pour réciter encore une fois le *De profundis*, et le cercueil fut emporté... Pour le déposer dans la voiture qui devait le conduire à la gare, il fallut traverser une foule immense qui stationnait depuis une heure à la porte du couvent et qui voulait, elle aussi, saluer une dernière fois l'illustre défunt............

Le lendemain, au matin, ceux qui accompagnaient le corps, le

T. R. P. Tournel, prieur de Paris et le R. P. Reverdy qui avait été le garde-malade de Mgr, descendaient à la gare de Darcey et faisaient transporter le cercueil sur une voiture préparée à cet effet. Le trajet se fit en silence; au bas de la colline de Flavigny, on rencontra les Pères et les Frères du couvent et la marche s'acheva en procession jusqu'à la porte de la ville où le mort fut reçu avec l'eau bénite et l'encens. Cependant on avait préparé la chapelle et tout disposé pour le service funèbre : la messe fut chantée par le T. R. P. Pardieu, prieur du couvent, en présence d'une assistance nombreuse et recueillie. Que de souvenirs s'éveillaient spontanément dans les âmes ! C'était là, à Flavigny, que Mgr Amanton avait été vicaire au début de sa carrière sacerdotale ; il n'avait depuis quitté la petite ville que pour desservir dans le même canton le village limitrophe de Darcey, et il y revenait, mort, sous l'habit religieux et avec les insignes de l'Épiscopat! Les cinq absoutes prescrites par le cérémonial furent faites par M. le curé de Villers-les-Pots, village natal du défunt; M. le curé de Plombières, un des meilleurs amis de sa jeunesse; M. le supérieur du Petit-Séminaire qui représentait le chapitre cathédral de Dijon dont Mgr Amanton était chanoine d'honneur, le T. R. P. prieur du couvent de Paris et le T. R. P. prieur du couvent de Flavigny.

On remarquait dans l'assistance les curés des villages voisins qui avaient tous connu et aimé Mgr Amanton: M. le curé de Sainte-Reine, M. le curé de Haute-Roche, M. le curé de Jailly, M. le curé de Pouillenay, M. le curé de Marigny, M. le curé de la Roche-Vanneau, M. l'aumônier des Ursulines et M. le vicaire de Flavigny, représentant M. le curé, malade depuis plusieurs années.

L'office terminé, le funèbre cortége conduisit le cercueil au cimetière du couvent et on l'enterra vis-à-vis la tombe des Frères Piel, Réquédat et Rey.

Le petit village de Villers-les-Pots voulut lui aussi payer son tribut de prières à Mgr Amanton et célébrer un service solennel pour le repos de son âme.

Un de ceux qui y assistèrent en rendit compte en ces quelques lignes au directeur de la *Chronique religieuse* de Dijon :

Monsieur le Directeur,

« Nous avons assisté aujourd'hui à une touchante cérémonie. Monsieur le curé-doyen d'Auxonne a célébré un service solennel pour le repos de l'âme de Mgr Amanton, à Villers-les-Pots, son pays natal. Tout le clergé du canton et quelques confrères voisins se sont fait un devoir d'y assister. Les habitants du village ont montré qu'ils n'étaient point non plus indifférents à la perte commune. Ils se sont empressés de venir donner une dernière marque d'affection et de regrets à celui qui avait toujours été pour eux un modèle vivant de foi et de charité.

Agréez, etc.   F. R.

Abbeville. — Imprimerie Briez, C. Paillart et Retaux.

ABBEVILLE. — IMPRIMERIE BRIEZ, C. PAILLART ET RETAUX